Antonio Labriola, Richa

Die Probleme einer Philosophie der Geschichte

Antonio Labriola, Richard Otto

Die Probleme einer Philosophie der Geschichte

ISBN/EAN: 9783742813268

Hergestellt in Europa, USA, Kanada, Australien, Japan

Cover: Foto ©Klaus-Uwe Gerhardt /pixelio.de

Manufactured and distributed by brebook publishing software (www.brebook.com)

Antonio Labriola, Richard Otto

Die Probleme einer Philosophie der Geschichte

Die Probleme

einer

Philosophie der Geschichte

Vorlesung

gehalten in der Universität zu Rom

am 28. Februar 1887

von

Prof. Antonio Labriola.

Deutsche vom Verfasser durchgesehene Uebersetzung

von

Richard Otto, Dr. phil. des.

Leipzig,

Verlag von Carl Reissner.

1888.

VORWORT.

Ich veröffentliche diese Vorlesung, wie ich sie nach dem schon druckfertigen Manuscripte gehalten habe. Einige leichte Verbesserungen, die hier und da hinzugekommen sind, sowie das Beifügen von einigen Anmerkungen ändern in Wirklichkeit weder am Gegenstande noch an der Form Etwas.

Die Fragen, die ich berühre, passen besser für ein Buch als für eine Rede, und derartig innerhalb der Grenzen einer Vorlesung zusammengedrängt, erschienen sie vielen meiner Zuhörer dunkel und im höchsten Grade schwierig. Es sei mir erlaubt, zu bemerken, dass das Dunkele und Schwierige in der Natur der Fragen selber liegt, die ich als die den Gegenstand der Geschichtsphilosophie bildenden zu bezeichnen das Bedürfniss empfand, dass ich aber nichts Eigenes hinzugethan habe, um die innere Schwierigkeit zu vergrössern. [1])

[1]) Eine umfassendere Behandlung dieser Probleme soll ein in Vorbereitung befindliches italienisches Werk des Verfassers bringen. Hier wird dem gelehrten Publikum das Programm in kurzer, aber hoffentlich deutlicher Form geboten. (D. Uebers.)

INHALTS-ÜBERSICHT.

Sollte vielleicht es Jemand unternehmen, mich in diesem Augenblicke in die Enge zu treiben mit dieser Frage: „Wie definiren Sie, und sei es auch nur mittels der Umschreibung durch einen Vortrag, den präcisen Begriff ‚Geschichtsphilosophie‘?“, so würde ich nichts Anderes erwidern, als: „Es ist mir unmöglich.“ Indessen sehe ich mich durch dies Bekenntniss, das ich Ihnen hier gleich beim Beginn mache, durchaus nicht daran gehindert, wenn auch nur andeutungsweise, so doch immerhin mit etwas approximativer Exactheit von den Gründen zu sprechen, die uns zum Philosophiren über die Geschichte treiben, und von den Problemen, die sich uns naturgemäss darbieten müssen, wenn wir einmal bei solcher Neigung unseres Geistes die Methoden, die objectiven Principien und das System der historischen Erkenntnisse einer erneuten Prüfung unterziehen.

In dieser zwiefachen Behauptung, der Unfähigkeit, zu definiren einerseits, und der Fähigkeit, darüber zu reden andererseits, liegt, um es etwas deutlicher zu sagen, ausgedrückt, dass der Name der Philosophie in dieser besonderen Anwendung nicht eine in jedem Theile klare und durch die Tradition geheiligte Masse von Lehrsätzen bedeutet, deren Grenzen und Formen sich je nach der besonderen Auffassung des Systems oder der Schule mit einiger Leichtigkeit angeben lassen; vielmehr ist es eine Tendenz, die zwar bald mehr, bald weniger zu Tage tritt, dennoch im Geiste unserer Zeit ganz allgemein ist und in den Voraussetzungen und Folgerungen derjenigen historischen Disciplinen latent ist, die einen sehr hohen Grad wissenschaftlicher Exactheit erlangt haben. Und wenn ich sage Tendenz, so will ich damit aussprechen, dass es etwas ist, welches uns nicht der allerelementarsten Arbeit der Analysis und der Combination entbindet und uns nicht erlaubt, bequem auf guter alter Tradition zu ruhen.

In allen solchen Disciplinen, die sich wie diese im Stadium des Versuches oder der Vorbereitung befinden, ist die Anziehung eine grosse, aber sehr gross auch die Gefahr des Irrens; und deshalb sagte ich, dass es sich nicht um eine einfache formale Definition handelt, die hier durch einen Vortrag paraphrasirt werden soll. Somit nun beschränke ich hier meine Vorlesung darauf, hauptsächlich die Fragen allgemeinen Charakters zu behandeln, die in uns bei der wissenschaftlichen Betrachtung historischer Vorgänge entstehen; und an der Stelle einer Definition *ab intrinseco*, wie ich es bei der Logik, der Ethik oder der Psychologie thun würde, lenke ich mein Augenmerk auf die Dinge selbst, aus denen die Schwierigkeiten sich entwickeln und aus denen die Probleme werden, die für mich die Motive des Philosophirens über die Geschichte sind. [1])

[1]) Der Uebersetzer erlaubt sich bei dieser Gelegenheit folgende erklärende Zusätze. Es giebt an den italienischen Universitäten feste und „nominative" Lehrstühle. Labriola hat in Rom die ordentliche Professur für Moralphilosophie und Pädagogik inne. Da im vergangenen Jahre der zum Dociren der Geschichtsphilosophie ernannte Professor nach Neapel versetzt und nicht ersetzt war — auch dies Jahr ist es der Fall — wurde Prof. Labriola auch dessen Amt übertragen. Diese Antrittsvorlesung ist einmal ein Programm einer Untersuchung „Ueber die Begriffe, womit wir die Geschichte denken" (vgl. übrigens Herbart), ausserdem aber auch eine Kritik des Titels dieser Professur und auch der allgemeinen Anschauung von der Philosophie der Geschichte, die doch noch in allen Stücken an Hegel erinnert.

I.

Das gewaltige Material und das weite Gebiet des Wissens, das wir gewöhnlich Geschichte nennen, bildet für uns nicht ein Object unmittelbarer Intuition, noch wahrer und eigentlicher Beobachtung, wenn wir dem einen wie dem anderen Worte einen präcisen Begriff zu Grunde legen wollen; vom Experiment gar nicht zu reden, das ja hier überhaupt nicht in Betracht kommt. Wenn man nun anfängt, Forschungen über die Vergangenheit anzustellen, durch welche wir zu einer möglichst vollständigen, oder doch wenigstens adäquaten Kenntniss derselben gelangen wollen, ist es vor Allem nöthig, dass uns bestimmte Neigungen unseres Geistes gewissen besonderen Interessen zuwenden, und dass wir dann mit Fleiss von specifischen methodischen Mitteln Gebrauch machen, die uns die Genauigkeit des Resultates verbürgen. Und wenn wir die Resultate, die wir durch solche Mittel und Wege erlangt haben, so zusammenstellen und ordnen wollen, dass daraus eine bestimmte Configuration wird, mögen wir sie Epoche, Periode, Kulturstadium oder anders nennen, so hat eine Maxime volle Geltung, die fast wie ein Postulat und sogar wie ein Imperativ lautet, dass nämlich die Darstellung leidenschaftslos sei, nicht von vorgefasster Meinung beeinflusst — mit einem Worte objectiv.

Natur und innere Qualität des Interesses, das uns zur Forschung treibt, Präcision des Verfahrens, das die Genauigkeit des Resultates sichern soll, Objectivität der Darstellung — dies sind drei der Propädeutik und der speciellen Methodologie angehörige Begriffe, die, wenn man sie zum Gegenstande der Untersuchung macht, zu nicht wenigen formal-kritischen Betrachtungen Anlass geben, in Gemässheit der erkenntnisstheoretischen Principien, auf welchen sie beruhen oder auf die sie hinweisen. In diesem Falle ist der Philosoph genöthigt, mitzusprechen.

Da es sich um eine Erkenntniss besonderer Art handelt, drängt es uns vor allen Dingen, mit Genauigkeit zu erfahren, in welcher Hinsicht und aus welchem Grunde sie sich von den anderen Zweigen der Erkenntniss unterscheidet und auf was für Interessen unseres Geistes sie sich gründet und beruht. Die Fortschritte der besonderen historischen Disciplinen sind sicherlich nicht unabhängig von derartiger allgemeiner Betrachtung; denn die Güte der Untersuchung oder die Exactheit des Verfahrens, das in diesem Falle nicht vom Gebrauche äusserer Instrumente oder von der Rechnung abhängig sein kann, wie in den Naturwissenschaften von der reinen Beobachtung, liegt hauptsächlich an jenen inneren Geistesrichtungen, die wir in Ermangelung eines anderen Wortes Bildung nennen, in welche Geistesrichtungen dann zum nicht geringen Theile der allgemeine Begriff des Lebens dringt, das zusammenfassende Gefühl der Gesellschaft, der Religion, des Staates, der Glaube oder der Zweifel über das menschliche Schicksal. Das Interesse an der historischen Forschung als Ergebniss aller intellectuellen und ethischen, ästhetischen oder religiösen, politischen oder socialen Tendenzen unseres Geistes macht schon für sich einen integrirenden Theil unserer Bildung aus; und in seinen Modis und Formen und in seinen Beziehungen und Consequenzen ist es abhängig von der complexiven Beschaffenheit des Geistes in einem bestimmten Stadium der inneren Entwickelung.[1])

In unserem Zeitalter sagt man, und mit Recht, ist dieses Interesse wissenschaftlicher geworden, als es früher war; und gerade in Folge dieser Wandelung ist man dazu gelangt, den exacten Grundsätzen einer scharfen Analysis und einer mannigfachen, festen und sinnreichen Combination einen grossen Theil desjenigen Materials zu unterziehen, das eine Zeit hindurch den Inhalt chaotischer Gelehrsamkeit ausmachte, oder dem genialen Urtheile beglückter Forscher anheimgegeben blieb. Genau in Folge solcher Fortschritte, die uns beispielsweise in den Stand setzen, Linguistik und Philologie als wissenschaftliche Disciplinen zu behandeln, bilden jetzt die Motive der Forschung und die Formen ihres Verfahrens mit Nothwendigkeit ein interessantes Kapitel der Erkenntnisstheorie in

[1]) Die psychologische Analysis des Interesses, soweit es die Didaktik angeht, bildete schon den Gegenstand meiner pädagogischen Studie: *Dell' Insegnamento della Storia, Roma* 1876.

(Unter dem einfacheren Titel „Geschichtsunterricht" handelt hier der Verfasser von der Pädagogik im Allgemeinen in specieller Beziehung auf die Kenntniss der Geisteswelt, wobei beiläufig die Ausbildung der historischen Begriffe besprochen wird. Es mag hierbei der deutsche Leser auf die beiden Broschüren: *L'Ordinamento della Scuola Popolare in Diversi Paesi* und *Della Scuola Popolare* hingewiesen werden, von denen die erstere [Rom 1881, Estratto dagli Annali di Statistica. Serie 2a. Vol. 26] im Sinne der Verwaltungslehre die Schulordnungen sämmtlicher Culturstaaten vergleichend vorführt, während die letztere [Rom 1888, Vortrag, vor der *Società degli Insegnanti di Roma* in der Universitäts-Aula gehalten] die leider noch so im Argen liegenden italienischen Volksschulverhältnisse vom socialpolitischen Gesichtspunkte aus scharfer Kritik unterzieht. D. Uebers.)

ihren speciellen Anwendungen. Die Analyse des Interesses und die Untersuchung der erkenntnisstheoretischen Regeln richtiger historischer Einsicht und Auslegung führen zu Untersuchungen allgemeinen Charakters, die, hier aus der Vogelperspective besehen, zu zwei kurzen Fragen sich reduciren. Was muss man in dieser besonderen Hinsicht unter Gewissheit des Forschungsresultates verstehen, und was heisst Objectivität der Darstellung?

Die Exactheit des Verfahrens und die Gewissheit des Resultates variiren, wie Jedermann weiss, in den verschiedenen historischen Disciplinen nicht wenig, je nachdem der Stoff, mit dem sie es zu thun haben, auf Grund von Bedingungen sich bildet, die mehr oder minder von anderen concurrirenden Bedingungen isolirbar sind, und auf einfacheren oder auf complicirteren Elementen oder Factoren beruht. Das einfache Profil z. B. einer ganz alten rechtlichen Institution wird viel leichter zur Darstellung zu bringen sein als das complicirte Gebilde des menschlichen Zusammenlebens im Hinblick auf die ökonomische Vertheilung von Arbeit und Eigenthum; und die mannigfachen Veränderungen der politischen Gestaltungen des Staates entwickeln und erhellen sich vor unserem Verstande mit grösserer Leichtigkeit, als das sonst geschehe betreffs der socialen und ethnischen Motive, wovon die Staatsformen nicht bloss die Consequenzen, sondern die wahren und eigentlichen Exponenten sind. Der Unterschied ist noch grösser zwischen dem überlieferten festen und oft nachzuahmenden Usus einer alten Sprache und den Producten der mythischen Phanthasie, die in ihrer schwankenden Ungewissheit uns in solche Verlegenheit bei ihrer Beurtheilung setzen, dass man unseren

Interpretationen selbst im Gewande wissenschaftlicher Rede häufig genug das Phantastische anmerkt, das ihrer Materie eigen ist.

Aus diesen Betrachtungen kann man in erster Linie schliessen, dass die Gewissheit des Resultates nicht allein nach der instrumentalen Genauigkeit der paläographischen, philologischen, linguistischen, oder wie sie sonst heissen, Methoden gemessen werden darf, sondern auch hauptsächlich nach dem Grade der theoretischen Durchsichtigkeit und Darstellbarkeit der der Prüfung unterworfenen Materie selber, und in zweiter Linie, dass die theoretischen Elemente, vermittels derer der historische Hergang erklärt wird, wenn sie selber in passender Weise klargestellt worden sind, allgemeinen Disciplinen Raum geben, die gleichsam die festen Ausgangspuncte zu weiterer besonderer Forschung bieten. Das Beispiel der Linguistik zeigt in dieser Hinsicht mit grösster Evidenz, wie die Umwandlung historischer und empirischer getrennter Thatsachen in die geordneten Principien einer wirklichen Wissenschaft möglich ist.[1])

---

[1]) Von den vielen Folgerungen, die sich hier von selbst ergeben, mögen nur zwei herangezogen werden.

Es ist thatsächlich die didactische Richtung Derjenigen eine fehlerhafte, die bei ihren historischen Studien ihr grösstes Augenmerk nur darauf richten, sich mit den gewöhnlichen instrumentalen Mitteln der Kritik bekannt zu machen, und dann glauben, dass die reale Kenntniss des Materials von selber kommen müsse. Wo aber die theoretische Bildung fehlt, z. B. die nationalökonomische oder die juristische, oder wo das Verständniss einer psychologischen Function, z. B. der Sprache oder der Religion, abgeht, da ist es nutzlos, wenn sich Jemand im Gebrauche diplomatischer oder philologischer Kritik abmüht: auch der correcte Gebrauch der Mittel bürgt für Nichts.

Ganz incorrect ist die Charakteristik, die die Literaten von den Historikern zu geben pflegen, als ob sie sich nur durch generische Qualitäten

Und wenn wir zum Puncte der Objectivität kommen, so erhellt sofort ohne besondere Auseinandersetzungen, dass solch ein Begriff keinerlei ernstliche Schwierigkeit involvirt, sobald man ihn als den directen Gegensatz zu den nationalen, religiösen, politischen oder socialen Vorurtheilen des Schriftstellers auffasst. In der That kann man sagen, dass es sich fortan um einen gewonnenen Standpunkt handelt, sobald man nur die Absichten und Zwecke der Geschichtsforscher im Allgemeinen betrachtet. Aber aus dem Zusammentreten der verschiedenartigen Disciplinen, die durch ihre Beschäftigung mit den menschlichen Dingen auf verschiedene Weise und mannigfaltigen Wegen alle darauf gerichtet sind, deren wahre Natur zu schildern und zu verstehen, entstehen neue Schwierigkeiten, deren Grösse sich sofort kund thut, sobald man nur darauf hindeutet.

Bedeutende Nationalökonomen [1]) haben es gewagt, alle wichtigeren Bewegungen in der bürgerlichen Geschichte dem Maasstabe des Kampfes ums Dasein und der Vertheilung von

ihres Talentes und durch die Mittel ihres Styles unterschieden. Im Gegentheil, das Wesentliche liegt in den Motiven der Historiographie. Von der römischen Geschichte Rollins bis zu der von Mommsen durchgeht man nicht bloss die verschiedenen Grade der Gelehrsamkeit oder die Unterschiede geistiger Beanlagung, sondern auch Veränderungen des Denkens in der Erklärung und geistigen Durchdringung der menschlichen Ereignisse.

[1]) Ich erinnere besonders an Marlo, dessen Argumentationen socialistischer Tendenz öfters von anderer Seite wiederholt wurden mit geringerer Wirksamkeit und in anderer Absicht.

(Gemeint ist das Buch von Marlo: Organisation der Arbeit, das von verschiedenen Schriftstellern ausgebeutet wurde. D. Uebers.)

Eigenthum und Arbeit, ebenso den mit Nothwendigkeit hieraus folgenden Consequenzen der Unterwerfung und Hierarchie, zu unterziehen. Entschiedene Anhänger der sogenannten Social-Physik haben alle Erscheinungsformen des Zusammenlebens als besondere Fälle demographischer Configuration betrachten wollen. Für die Moralisten und die herkömmlichen Politiker ist der Werth der menschlichen Person von grosser Bedeutung; doch die neueren Sociologen neigen dazu, die individuelle Persönlichkeit für einen einzelnen Fall im Vergleich zur typischen Gleichförmigkeit der collectiven Persönlichkeit anzusehen. Die physischen Veranlagungen, die den Gegenstand der anthropologischen und ethnographischen Studien bilden, werden zuweilen in so übertriebener Weise betont, dass es den Anschein hatte, als ob das jahrhundertelange Arbeiten der Civilisation auf die einfache natürliche Evolution fester und unüberwindbarer Daten sich zurückführe. Und auf diesem Pfade giebt es kein Aufhören. — Aber bei solcher Concurrenz verschiedener Disciplinen, die sich gegenseitig die Auslegung der menschlichen Ereignisse streitig machen, folgt die herkömmliche Geschichtsschreibung, obwohl sie, so gut sie es versteht und kann, die Ergebnisse jener sich zu Diensten macht, immer den rein conventionellen Eintheilungen in Völker und Epochen und gelangt nicht immer dazu, mit vollkommener Durchsichtigkeit die Summe der Bedingungen und Beziehungen, auf die sie sich gründet, zur Anschauung zu bringen.

So nun wandelt sich das Verlangen nach Objectivität, welche nicht mehr der einfache Gegensatz zur zufälligen Subjectivität des Forschers ist, in das bewusste Versuchen um, in realer und positiver Weise die verschiedenen Elemente und mannigfachen Functionen, die gemeinsam beim historischen

Geschehen thätig sind, zu versöhnen. Und wenn man dann die wirklich tieferen und allgemeineren Gründe solcher Versöhnung erforschen will, so gewinnt die Frage die Form eines gewichtigen und schwierigen theoretischen Problems über die Natur der eigentlichen Bedingungen des menschlichen Lebens, sowohl innerhalb der Grenzen der individuellen und socialen Psychologie, wie in den Beziehungen der eigentlichen Psychologie zu den physischen Grundlagen der Existenz, als auch in den daraus hervorgehenden Modis der Entfaltung. Niemand kann sagen, dass die Lösung eines so gestalteten Problems, das in seinem ganzen grossen Umfange den Zweck hat, den specifischen correlativen und complexiven Werth der sogenannten historischen Factoren aufzuhellen, unabhängig sei von der allgemeinen Auffassung der Wissenschaft, d. h. von der Philosophie, welche die fundamentale Lehre der Principien des Wissens ist.[1])

Diese erste Gruppe von Fragen, die ich hier im Fluge gestreift habe, betrifft die Propädeutik der historischen Auffassung in den drei Beziehungen des Interesses, das uns zur Forschung antreibt, der Methode, die wir beim Forschen befolgen, und der exacten oder auch objectiven Darstellung. Ich nehme keinen Anstand, dieser Gruppe den Namen Historik zu geben, ein Wort, das zuerst von Gervinus gebildet ist

[1]) Man hat den Verfasser in italienischen wie in deutschen Zeitschriften für einen Herbartianer ausgegeben. Allerdings stehen zwei Schriften von ihm: *Libertà Morale* und *Morale e Religione*, Neapel 1873 (cfr. Lit. Ctr.-Bl. 1874, No. 2 und No. 23), auf dem Standpunct, dass sie als Schriften der herbartischen Schule anzusehen sind, aber schon im *Concetto della Libertà*, Rom 1878 (cfr. Volkmann, Psychologie, 3. Aufl.), weicht er hiervon ab. Hier ist seine Haltung eine principiell kritische. (D. Uebers.)

in Analogie zu Pädagogik und Grammatik und dann von Droysen als Titel eines schätzenswerthen Schriftchens gebraucht ist, über welches ich übrigens nicht einmal im Vorbeigehen ein besonderes Urtheil abgeben will, weder *pro* noch *contra.*[1])

[1]) In gewissem Sinne und innerhalb gewisser Grenzen entspricht dieser Gruppe von Fragen die Philologie, wenn man sie nach Böckhs Weise als Erkenntniss des Erkannten auffasst. Es ist bemerkenswerth, dass Vico sich schon der Idee Böckhs näherte, welche nur diejenigen nicht verwundern kann, die vergessen, wie die Philologie, die lange kein Humanismus mehr war, zu Vicos Zeit eine blosse *eruditio* war und deswegen vom Begriff der Alterthumswissenschaft seit Wolf weit entfernt.

II.

Viel gewichtiger sind sicherlich die Fragen, die aus der Betrachtung der realen Principien, auf die Forschung wie Darstellung sich gründen, hervorgehen.

Was sind in der Unendlichkeit der menschlichen Wechselfälle diejenigen, die wir historische nennen? Und nennen wir sie so nach Brauch und Herkommen, oder deswegen, weil wir einen inneren Grund haben, sie herauszuheben oder den menschlichen Geschehnissen entgegenzusetzen, die nicht historische sind? Ist die Specification schliesslich eine anscheinende oder eine reale, gegründet auf die Convention oder auf bestimmte erkenntnisstheoretische Principien?

In der Verschiedenartigkeit der historischen Ereignisse und Wechselfälle, wie sie nun auch schon von denjenigen, die wir nicht für solche halten, getrennt und ihnen gegenübergestellt seien, finden sich gleichsam Formen der Beziehung und des Zusammenhanges, z. B. die politischen Institutionen, die Familien-Einrichtungen, die Systeme des Eigenthums, die Literaturen, die aufbewahrt und Jahrhunderte hindurch als mustergiltig überliefert sind, die religiösen Glaubenssysteme, die alle einen Glauben an das Unfehlbare widerspiegeln, Formen, welche von dem gewöhnlichen und natürlichen Verlaufe des Geschlechtes reliefartig sich erheben und den Anschein haben, Verbindungen und Verknüpfungen der Thätigkeit, Organe der Coordination, Attractionscentren darzustellen. Und der grosse Strom, den wir am gewöhnlichsten und allgemeinsten historischen Verlauf nennen, bricht sich scheinbar an derartigen widerstrebenden Gebilden und zerbricht und zerstört sie nur, um selber sich zu sammeln und zu erstarren, um nach Macht und Befugniss neue, in Betreff der Energie und des Zweckes gleichwerthige Systeme zu bilden. Was ist nun der Träger oder das Subject, in dem solche Formationen ihren Sitz haben mitten im beständigen Wechsel der Individuen, und was ist die Kraft, die sie hält, und worin besteht die Energie und das Gleichmaass einer solchen Kraft?

In einigen dieser Formen treten bei der Vergleichung die deutlichen Merkmale des Einst und Jetzt, des Voraufgehenden und Folgenden, der Vorbereitung und der Vollendung zu Tage; und da die Evidenz der Gegensätze so gross ist, dass sie sofort unsere Aufmerksamkeit erregt, hat sich unbewusst die historische Forschung daran gewöhnt, vom Gefühle der Succession Gebrauch zu machen; sie beurtheilt chronologisch unabhängige Thatsachen nach dem einfachen Principe der Analogie, und auf diesem Wege hält sie die Begriffe der Transformation und Neoformation für unbestreitbar als empirische Thatsachen und Gesichtspuncte.

Das wissenschaftliche Gefühl, wenn nicht die Wissenschaft im eigentlichen Sinne, hat sich dann allmählich dieser Gesichtspuncte oder besonderen Bedingungen des Erkennens bemächtigt, und die Gebildeten gewöhnen sich, etwa zur Beschwichtigung, ein gewisses Besonderes im menschlichen Leben anzunehmen, das Geschichte genannt wird, das, über die gewöhnlichen anthropologischen Thatsachen sich erhebend, anscheinend eine Welt für sich bildet. Und die stabilen Formen erscheinen, ohne dass man auch nur darüber discutirt, in natürlicher Consequenz als das Hauptcentrum der Thätigkeit, hinsichtlich dessen alles Uebrige nur eine bedingende oder complementäre Rolle annimmt. Die Neoformation versteht man als die unmittelbare Thatsache des Uebergehens des Lebens aus einer Bedingung zur anderen; fügt man ausserdem einmal der Auffassung des einfachen Processes irgend eine practische Werthmessung bei, so redet man von Fortschritt oder Rückschritt. Dem Philosophen, der solche der Forschung und der Bildung unserer Zeit innewohnende Bedingungen überdenkt, muss sich natürlich die Frage aufdrängen, ob dies überhaupt der Weg zu einer realen Definition des geschichtlichen Werdens ist, ob es möglich ist, die Angelpuncte zu bestimmen, in denen die Systeme coordinirter Thätigkeit ruhen, welchen Werth und Bedeutung ferner die Neubildungen haben: und gerade auf diese drei Fragen hat sich die Lehre von den realen Principien zu gründen.

Die herkömmlichen Historiker und diejenigen Pfleger der historischen Disciplinen, die aus Neigung oder mit Absicht innerhalb der Grenzen des blossen Empirismus beharren, lösen die erstere Frage in einfacher und leichter Weise. Sie ziehen gleichsam eine Linie zwischen der Welt der Civilisation und der der sogenannten Wilden und machen eine Scheidewand zwischen den leitenden und repräsentativen Klassen der vorgeschritteneren Gesellschaften und den Massen, deren Studium der Ethnographie oder der Demographie anheimgegeben bleibt. Doch nicht Jedermann erscheint es vernünftig, sich mit einer solchen künstlichen Eintheilungsweise zu befriedigen, kraft deren z. B. die Berge Libyens hinsichtlich des alten Aegyptens, oder die Donau und der Rhein für das alte römische Reich, oder die blosse Aufzählung der in einer bestimmten Form des politischen Zusammenlebens am öffentlichen Leben theilnehmenden Klassen, kurzum ganz äusserliche, zufällige Thatsachen herangeholt werden, um das sichere Kriterium einer innerlichen Formation zu ersetzen. Und gerade die Wissenschaft unserer Tage, die die Verbindung der sogenannten civilisirten Völker mit den uncivilisirten überdenkt und die ersten Elemente der Civilisation darauf hin untersucht, was sie mit dem Leben der Völker, die man gewöhnlich Naturvölker nennt, gemeinsam hat, hat gewissermassen die eigentlichen Objecte der Forschung versetzt und die Reihe der Bedingungen, die zur Bildung der Geschichte zusammentreten, um ein gutes Stück verlängert. Ueberhaupt haben die sociologischen Studien und diejenigen, die sich ihnen in Richtung und Methode anschliessen, ins Klare gebracht, wie gerade in der tiefer liegenden Schicht der Volksmassen sich ein grosser Theil derjenigen Impulse und Ursachen befindet, die wir gewissermassen im Reflex oder im verkleinerten Maassstabe bei den sogenannten leitenden oder repräsentirenden Klassen zu studiren gewöhnt sind. Durch diesen Zuwachs, sowohl auf dem Felde der Objecte, wie in der Masse unserer Gesichtspuncte, haben sich die Grenzen zwischen Geschichte und Nichtgeschichte gleichsam verschoben, sind ausserdem so schwankend und ungewiss geworden, dass alle Diejenigen, welche vermöge geistiger Beanlagung, sei es idealistischer, sei es realistischer Art, zum Monismus sich neigen, d. h. zur Zurückführung des Wissens auf das Einheitsprincip, keinen Anstand nehmen, für das einzige wissenschaftliche Fundament in Bezug auf historische menschliche Vorgänge das Princip der einfachen, nackten Evolution zu bezeichnen. Eine gewisse fatalistische Empfindungsweise würde uns so dahin bringen, die Processe jeglicher Art, von den embryonalen der Anthropologie bis zu den complicirtesten des Gedankens und der Civilisation, in eine einzige Reihe von Modis und successiven Formen zu reduciren; und auf diesem Wege hätte man keine Ursache, nicht mit Beifall dem Paradoxon Schopenhauers beizustimmen: Alle Historie ist Zoologie.[1])

Aber die Voreiligkeit, m. H., die eine schlechte Beratherin in Allem ist, ist thatsächlich eine im höchsten Grade schlechte Rathgeberin in der Wissenschaft; die muss vor Allem eine kritische sein, d. h. ein genaues Distinctionsgefühl. Die herkömmlichen Geschichtsschreiber halten in der That das Distinctionsprincip lebhaft aufrecht, und mit ihnen stimmen alle diejenigen überein, welche die juristischen und die moralischen Wissenschaften cultiviren, da sie das rege Bedürfniss fühlen,

---

[1]) Während ich diese Sätze las, schien es mir beinahe, als hätte ich übertrieben, aber während ich den Druck besorge, hat Prof. Morselli die Güte, mir seine soeben erschienene Schrift „*La Filosofia Monistica in Italia*“ zu übersenden, in der ich p. 29 folgenden Satz finde, der meinen Angaben den Stempel aufdrückt: „Auch der ersten Monere, die auf ihre Weise die Berührungen mit benachbarten Körpern percipirt hat, hat sich sicherlich in unendlich geringerem Maassstabe, aber nur dem Grade, nicht der Natur nach verschieden, das metaphysische Problem des Nicht-ich dargeboten, das die metaphysische Speculation zum ausschliesslichen Eigenthum des menschlichen Bewusstseins gemacht hat.“

Und auch der Satz Comtes, in derselben Schrift p. 20 angeführt: „*Dans ma profonde conviction je considère ces entreprises d'explication universelle de tous les phénomènes par une loi unique comme éminemment chimériques*“ könnte den Positivsten zu passender Mahnung dienen. wenn sie nur die Fragen unter dem kritischen Gesichtspuncte angreifen wollten, der der des Philosophen einzig würdige ist. Ich, der ich ein Positivist weder bin noch war, kann nicht umhin, zu einem solchen Satze Comtes auszurufen: *optime!*

die menschliche Wirksamkeit in den verschiedenen Graden ihrer inneren Genesis zu verstehen. Denn, sagt man, vom primitiven Zusammenleben bis zur beabsichtigten Staatenbildung, von der kosmologischen Phantasie des Wilden bis zur wissenschaftlichen Speculation, die uns die Naturgesetze giebt, von dem augenblicklichen sexuellen Impulse bis zur ethischen Familienordnung ist nicht ein einfacher Uebergang von Punct zu Punct innerhalb derselben Reihe, nicht bloss dieselbe jahrhundertelange und unbewusste Anhäufung von Producten, die sich von selber durch eine ihrer eigenen Natur innewohnenden Triebkraft verändern, sondern im Gegentheil eine gewisse Art von Veränderung in der eigenen Thätigkeit des Geistes, eine wahre und eigentliche Epigenesis besonderer Natur. Und die speciellen historischen Wissenschaften, nicht minder wie die allgemeine Historiographie, bedürfen einer epigenetischen Theorie der Civilisation, wenn sie nicht entweder im blinden Evolutionismus sich verirren wollen, oder in der Luft hängen bleiben wollen, sich stützend auf das unbestimmte Gefühl von nicht genau kritisirbaren Differenzen. Darum sage ich ferner, um mich etwas vulgärer auszudrücken, dass in dem Sinne, wie ich die Sache verstehe, zwischen dem Schädel oder den anderen ursprünglichen Eigenthümlichkeiten der mittelländischen Rasse und der griechischen Kunst ein so weiter Zwischenraum specifischer Differenzen sich erstreckt, wie zwischen der Form meiner eigenen Haare und dem Werthe überzeugender Logik, die etwa diese meine Rede haben kann.[1])

---

[1]) Damit es nicht scheine, ich hätte die Haare aus reiner rhetorischer Laune herangezogen, will ich daran erinnern, dass in der von Huxley aufgestellten Rasseneintheilung gerade die Haare das entscheidende Kriterium sind.

Diese epigenetische Betrachtung der Civilisation, die eine Art von Psychologie der Gattung, des Geschlechtes, des Volkes und der Geschichte nach ihrer gewöhnlichen Auffassung bildet, hat ein vollkommenes Gegenbild in der genetischen Methode der individuellen Psychologie, in der Alles ebenso durch Bedingungen und bedingt verknüpft ist, und durch Voraussetzungen und Resultate, aber nicht etwa durch blosse mechanische Ursachen, weil es Niemanden giebt, der glauben könnte, dass die logische Cohärenz des Gedankens nur ein besonderer Fall der psychischen Association sei, oder dass der ethische Wille nur eine Modalität des Impulses darstelle. Temperament und Charakter — hier der greifbarste Vergleich! Man kann auch nicht sagen, dass der genetische Process die Epigenesis ausschliesse, ja dieser umfasst sie sogar als nothwendige Bedingung einer Wissenschaft, die sich einen exacten Begriff vom Werthe der Erfahrung machen will, was deutlich auf einem anderen Studiengebiete bewiesen ist, d. h. bei den rapiden Fortschritten der Embryologie, seitdem die phantastische Keimtheorie von der Präformation fallen gelassen wurde. [1])

Hält man nun dieses theoretische Mittel bei der Frage nach der innerlichen Verschiedenartigkeit zwischen menschlichem Leben im Allgemeinen und historischer Thätigkeit im Besonderen fest, so bleiben die anderen beiden Fragen, die

---

[1]) Dem Londoner *Mind* zufolge ist hierin die wesentliche Grundidee der Vorlesung enthalten. Es heisst: „*He critises the ideas of progress and of the unity of history, and contends for an "epigenetic" as distinguished from an evolutionary view of the origins of civilisation.* (D. Uebers.)

ich weiter oben angegeben habe, wenigstens erklärt und präcisirt.

Die Systeme oder Verbindungen und Verknüpfungen der andauernden Thätigkeit, die aus der Aehnlichkeit der Bedürfnisse entspringen, aus der Gemeinsamkeit der Zwecke, aus der Harmonie der Neigungen, aus der Uebereinstimmung der Phantasie, sind nicht einfache accidentelle Gebilde oder gelegentliches Zusammentreffen individueller Anlagen, vielmehr ein gewisses Specifisches, das unserer wissenschaftlichen Betrachtung Stoff und Mittel bietet, wohl determinirte Probleme zu formuliren. Und, um ein Beispiel anzuführen, das „ich weiss nicht was", oder besser, das „man weiss nicht was", in einem Worte das Gemeinsame, das wir gewöhnlich Institution, religiöse Tradition oder anders nennen, ruht es auf einer reinen analogen Veranlagung vieler zufällig zusammenlebender Individuen, oder ist es etwas Specifisches, als psychologischer Vorgang zu Berechnendes, das die Benennungen, wie Volksgeist, sociales Bewusstsein und ähnliche rechtfertigt?

Vor einigen Jahren machte ich ein Handbuch der Socialpsychologie [1]), das aus der Feder eines der geringeren Autoren der Herbartischen Schule hervorgegangen war, zum Gegenstande einer, ich kann beinahe sagen, unbarmherzigen Kritik und halte auch heute an meinen Zweifeln und Reserven hinsichtlich der zu bestimmten Formeln einer jeglichen socialen Psychologie fest; gerade weil ich sehr viel Verfrühtes und

[1]) Vgl. meine *notizia letteraria* über das Buch von Lindner: Ideen zur Psychologie der Gesellschaft in der *Nuova Antologia*, Dez. 1872, p. 971—89. (Wie schon die Seitenzahl zeigt, ist die Kritik eine recht eingehende, eine genaue kritische Durchnahme des Werkes. Labriolas Kritiken sind stets in dieser Ausführlichkeit, ein Verfahren, das ja auch in Deutschland nicht zu selten eingeschlagen wird. D. Uebers.)

wenig Abgeschlossenes im grössten Theile der Bücher erblicke, die den sogenannten Collectivgeist zur Grundlage ihrer Untersuchungen machen und darauf ein Bauwerk errichten von schönem Aeusseren, aber ganz aus analogieartigen Phrasen zusammengesetzt; und gerade in diesem Puncte wird auch Niemand Schäffle entschuldigen, einen in anderen Beziehungen höchst bemerkenswerthen Schriftsteller. Im Grunde meine ich, dass wir uns eben mit dieser Art Studien noch im Vorbereitungsstadium befinden und nicht einmal die elementare Kritik besitzen, die erst den Gegenstand einer speciellen Propädeutik bilden müsste. Aber wie man mit Nothwendigkeit, um die historischen Verknüpfungen und Verbindungen begreiflich zu erklären, in Summa, um die Systeme coordinirter Wirksamkeit, die wir Recht, Religion oder dergleichen nennen, zu verstehen, die wahren eigentlichen Grenzen des individuellen Lebens überschreiten muss und auch jenen Kreis, in welchem das einfache Zusammenleben vermöge der Aehnlichkeit der Individuen sich bewegt, so kann man nicht umhin, dem socialen Bewusstsein den genauen Werth einer bestimmten Function zuzuertheilen.

In dieser Art von Betrachtungen bewege ich mich auf gleicher Linie mit Lazarus und Steinthal, ohne dass ich hierauf im Specielleren eingehen will, weder auf die besonderen Anwendungen, noch auf ihre einzelnen Folgerungen; auch lege ich dabei grosses Gewicht auf die nüchternen und treffenden Einwürfe Wundts[1]) gelegentlich der viel radicaleren, ja sogar auch negativen Pauls[2]).

---

[1]) Ueber Ziele und Wege der Völkerpsychologie. Bd. IV, Heft 1 der Philos. Studien, p. 1—27.

[2]) In den Principien der Sprachgeschichte, 2. Aufl.

Mit dieser Voraussetzung der Systeme verknüpft sich in derartiger psychologischer Hinsicht direct der Begriff des Gesetzes. Es giebt in der That Niemanden, der sich einbilden oder glauben könnte, dass die Annahme des Gesetzes aus der rein äusserlichen chronologischen Ordnung der Begebnisse hergeleitet werden müsse, wie sie gewöhnlich erzählt werden [1]), und dass es dann angewandt werden kann als wahrscheinliches Mittel der Vorhersagung. Die Bedeutung des Gesetzes in diesem besonderen Sinne ist analog der der Morphologie in den organischen Wissenschaften und besteht vor Allem im Erkennen der Bedingungen der Correspondenz oder der reciproken Thätigkeit, aus der ein gegebener Typus wird. Es zeigt sich dieser Umstand am klarsten bei den bewundernswerthen Resultaten der comparativen Methode auf dem Gebiete der Sprachen, der Mythen, der Gebräuche und dergl. Der Werth dieser Studien liegt nicht hauptsächlich in der Anhäufung zahlloser Notizen, sondern in der Thatsache, dass die Homologieen des Typus uns befähigen, eine auch noch so alte Tradition oder Institution, wie fragmentarisch sie uns auch überliefert sein mag, so weit zu ergänzen, dass sie durch vergleichende Betrachtung alsbald einen ganz festen und bestimmten Umriss erhält. Auf dem Wege solcher Reconstructionen gelangt man allmählich zu allgemeineren Typen, wie die sind, die wir mit dem Namen des arischen, semitischen oder ähnlich bezeichnen, Charakteristiken, in denen es von vornherein gar nichts anzuschauen und zu experimentiren giebt,

---

[1]) Wie bei uns Ferrari zu thun versucht war!

wie es im Gegentheil der Fall ist, wenn man von den Unterschieden zwischen Schwarzen und Gelben redet.

Hat man die theoretische Erklärung der Factoren der Civilisation als unterscheidendes Kriterium zwischen Geschichte und Nichtgeschichte, hat man den Systembegriff durch Function des socialen Bewusstseins, aus welchem Begriffe das Gesetz und der Typus sich bilden, so löst sich die herkömmliche Geschichtsschreibung, die das prospective Kriterium der Succession in der Zeit durch Daten gleichförmiger Chronologie handhabt, von selbst gleichsam in viele Processe specifischer Formation auf, die ihr eigenes Zeitmaass haben und unabhängig sind von den conventionellen Eintheilungen in Orient und Occident, Alterthum, Mittelalter und Neuzeit, oder wie man sonst sagen will. Und in der That hat das specifische Studium einiger bestimmter Ordnungen von homogenen und sich abstufenden Thatsachen in unseren Tagen uns die ersten ernstlichen Versuche historischer Wissenschaft geliefert, und wenn es bis jetzt noch nicht möglich war, auf allen Gebieten der Wissenschaft die Exactheit der Linguistik, speciell der indoeuropäischen, zu erreichen, so ist es, nach den Anfängen zu urtheilen, nicht unwahrscheinlich, dass dasselbe doch mit anderen Formen und anderen Producten der menschlichen Thätigkeit geschehen wird. Mit diesen Studien, als dem wahren und eigentlichen Objecte der Wissenschaft, muss der Geschichtsphilosoph sympathisiren, wenn er nicht will, dass seine Forschungen und seine Belehrung zu einer blossen Uebung speculativer Rhetorik werden sollen.

Wenn ich nun zum Kapitel von der Veränderung der Formen komme, oder der Neubildungen, so will ich, um es nur in der Kürze zu berühren, erwähnen, dass das Wesentliche in der genauen Präcisirung des Begriffes des historischen Ursprunges liegt; denn wenn dieser Begriff in früheren Zeiten durch ein gewisses Gefühl befremdender Bewunderung, die im Mirakelglauben endete, verschleiert war, so schwankt er gegenwärtig im Geiste Vieler zwischen der phantastischen Vorstellung der einfachen Präformation und dem Bilde einer unbestimmten Reihe von Veränderungen, die alle auf Einheit eines formalen Principes zurückgeführt sind.

Die strenge und ihres Amtes und ihrer Grenzen bewusste Wissenschaft wird sich stets an die qualitative und specifische Analysis derjenigen historischen Thatsachen halten, welche, während sie uns jetzt in der Form grösserer Gedrängtheit erscheinen, doch gleichsam als Wegzeiger die Spuren früherer elementarer Stadien bewahren, an welchen emporsteigend man genauer den Eindruck von dem ersten Ursprung bekommt. Man muss deswegen auf jene die Aufmerksamkeit hauptsächlich lenken, die, schon für sich charakteristisch, in einer genügend ausgedehnten Reihe successive sich abstufender Formen uns immer wieder bezeugt vorkommen. Das Auftreten z. B. des subjectiven hellenischen Bewusstseins, zuerst in der Lyrik und sodann in den Anfängen des Denkens, die man später Philosophie benannte, gilt als charakteristischer Fall qualitativ specifischer Epigenesis — mehr noch als jede mühsam in allen Theilen der Geschichte gesammelte literarische Gelehrsamkeit, welche dieselben Erscheinungen mit weniger genauen Umrissen und in weniger analysirbaren Zeugnissen vor uns stellt.[1]) Und man muss in der That in dieser wie in jeder verwandten Wissenschaft mit der Allgemeinheit des Zieles das Einzelne in der Forschung paaren, und der Geschichtsphilosoph muss sich wohl hüten, sich in unzählige Einzelheiten zu verlieren, und sich nicht von der Illusion besiegen lassen, dass es gestattet sei, Alles gleichsam durch die abstracten Symbole formaler Erkenntniss zu erklären. In Wahrheit besteht das Gebiet, innerhalb dessen es ihm erlaubt ist, sich zu bewegen, ohne dass die fleissige Arbeit der Einzelforscher gestört wird, im Studium der innerlichen Factoren der Civilisation, in der Analysis des socialen Bewusstseins, sowie in der Bestimmung des Gesetzes, des Typus, der Epigenesis, in einem Worte in Fragen und Problemen allgemeiner Art, sowohl erkenntnisstheoretischen wie psychologischen.

Aber zum Bewusstsein von dieser Schranke, die gewissermassen dazu dient, die Grenzen guter Nachbarschaft mit den Mitarbeitern in der Wissenschaft herzustellen, wird der Philosoph noch ein anderes fügen wollen, das lebendiger und unmittelbarer den intimen und particularen Charakter der Forschung wiederspiegelt: dass er sich nämlich pflichtgemäss die Vorsicht auferlegt, das wissenschaftliche Kriterium der Neoformation nur dann anzuwenden, wenn die qualitative Analysis es gestattet oder verlangt, es aber nie zu überschreiten. Dieser Begriff selbst, wie der eines jeden Wechsels, einer jeden Veränderung oder Geschehens, wird das Object des

---

[1]) Man sage dasselbe z. B. vom römischen Rechte oder von der englischen Verfassung. Es ist eine bemerkenswerthe Thatsache, dass Vico als Philologe des römischen Rechtes ganz allmählich zum Begriffe der historischen Wissenschaft gelangte.

Zweifels oder der Kritik in der Lehre von den ersten Principien, d. h. der Metaphysik. [1]) Es lässt sich indessen diese metaphysische Wissenschaft, die nur einmal in Hinsicht auf das Ganze des menschlichen Wissens, als Summe der regulativen Begriffe desselben, versucht wird, nicht ohne Störung in jede wissenschaftliche Einzelheit hineintragen, als ob sie eine magische Verstandeskraft wäre. Wehe z. B. dem Mathematiker, der für jeden besonderen Beweis die ganze Frage vom Raume wieder zu durchgehen hätte!

Wenn man in der That diese Grenze überschreitet, und den kritischen Sinn beim Gebrauche der regulativen Begriffe der Forschung verliert, so läuft man in unserem Falle Gefahr, in einen dieser drei Irrthümer zu gerathen: — entweder zur Idee eines transcendenten Gottes seine Zuflucht zu nehmen, der zeitweis sich den irdischen Angelegenheiten zuwendet, um die Maschine mit neuen Impulsen oder zu neuen Zwecken zu bewegen; — oder die Phantasterei einer im Keime vorhandenen Präordination zuzulassen, nach welcher die Schmierereien des Australiers den ersten Entwurf eines künftigen Gemäldes von Raphael darstellten, und das erste Kapitel der Psychologie von Lotze sich schon dunkel im Gehirne eines Zulu befände; — oder sich der blinden Idee eines allgemeinen Werdens besiegt zu geben, die jetzt nach der herrschenden Mode Evolutionismus genannt wird; eine Auffassung, durch

[1]) So viel ich auch, seit ich an dieser Universität Ethik und Pädagogik docire, meine Auffassungs- und Lehrweise verändert habe, so halte ich doch immer noch an der Herbartschen Richtung fest, die Metaphysik nicht für einen Anblick der Welt in ihrer Totalität zu halten, sondern als Kritik und Correction der Begriffe aufzufassen, die nothwendig sind, um die Erfahrung zu denken.

die gar Nichts erklärt wird, da das zu erklärende Object Kriterium der Erklärung wird.[1])

[1]) Die Jünger des Evolutionismus pflegen bei uns mit stolzer Verachtung von Leuten wie Schelling und Hegel zu reden; begreifen sie denn aber nicht, dass die Suppe, die sie einrühren, genau dasselbe ist, wie jener Brei, ausser dass sie schlecht vorbereitet und schlechter gewürzt ist? Dass sie sich dann Positivisten nennen, würde Comte keinem derselben verzeihen. Denn wenn überhaupt der Begriff einer positivistischen Philosophie zulässig ist, so kann sie nur in dem bestehen, was gerade Comte wollte, d. h. im Aufgeben der abstracten und formalen Principien des Erkennens und im einfachen objectiven Nebeneinanderstellen des Erkannten, das ist: im Umkehren des Kriticismus und der entschiedenen Negirung der Metaphysik.

III.

Ausser diesen beiden Arten von Betrachtungen, welche die *principia cognoscendi* und *principia essendi* des historischen menschlichen Lebens angehen, giebt es noch eine dritte, die sich auf die allgemeine Systematik bezieht, nämlich auf das Bedürfniss, die sicher und richtig erworbenen Kenntnisse auf Einheit zurückzuführen.

Wir haben schon seit einiger Zeit eine sogenannte Weltgeschichte, die eine Art prospectiver Darstellung ist, in der die chronologische Ordnung vorwiegt, bisweilen verschiedentlich mit den grossen geographischen Eintheilungen combinirt. Aber wer wüsste nicht, dass dieses didactische Geistesproduct oder dieser Versuch encyklopädischer Sammlung noch gar nicht einem bestimmten Plan nach wissenschaftlichen Daten entspricht, und dass der blosse Wunsch nach Herstellung einer Weltgeschichte mit Nothwendigkeit zum Hybridismus der Forschung führt und zum Conventionalismus in der Klassificirung? — um nicht von der Monotonie zu reden, die untrennbar von solcher Art von Büchern ist.

Aber sei es, dass in unserem Geiste ein unbestimmtes Gefühl arbeitet, oder ein vager Begriff von der idealen Einheit des menschlichen Geschlechtes vorhanden ist, oder dass die geduldige und strenge Erforschung der Einzelheiten mit dem Entdecken und Darstellen von thatsächlichen und stets wieder verschiedenartigen Verbindungen uns zu der Ueberzeugung führt, als ob wir noch viel allgemeinere und zusammenfassendere Beziehungen auffinden müssten, es besteht die Thatsache, dass in Vielen stets der Glaube an die effective Einheit der Geschichte lebendig ist, die, im Denken nachgeformt, sich im Bilde eines grandiosen Gemäldes ausdrücken liesse. Auch der grösste Theil der Bücher, die vor einigen Jahren den Titel „Philosophie der Geschichte" bekamen, und, wie wir jetzt behaupten, nicht mit Recht, wurden erdacht und geschrieben unter der Voraussetzung dieser realen Einheit, die der Gedanke vollständig, wenn überhaupt, zu durchdringen und zu reproduciren hätte. Die berühmten Namen von Herder und Hegel, um von Anderen zu schweigen, die sich ihnen in erster und zweiter Linie anschlossen, bewirkten es, dass diese Auffassung nicht bloss Verbreitung, sondern sogar Popularität gewann, besonders wenn ihre Anschauungen schlecht aufgefasst und schlechter ausgelegt wurden; und noch heute ist bei Gebildeten und bei Gelehrten die Ansicht wurzelnd, dass diese unsere Disciplin gar nicht anders aufgefasst werden kann; und von dem Urtheile, das Viele über den Misserfolg dieser oder jener Versuche fällen, schliesst man auf die Misslichkeit des ganzen Unterfangens. Oftmals schon ist mir von Solchen der Nekrolog der Geschichtsphilosophie wiederholt worden, die, wie es natürlich ist, nicht im Stande sind, die Thatsache ihrer Geburt noch ihrer Taufe zu bestätigen.

Es sind in der That die Absichten, von denen aus man zu dem kühnen Plane einer philosophischen Behandlung der Universalgeschichte gelangte, zum guten Theile ausserwissenschaftlichen Ursprunges und halten, wenn man sie genauer prüft, der Kritik nicht Stand. Die Schwäche und Unsicherheit des Grundgedankens, der vor wenigen Jahren Verbreitung und Popularität hatte, hängen besonders von der Art der religiösen, socialen oder monistisch-metaphysischen Vorbegriffe ab, von denen man ausging.

In der Tradition unserer abendländischen Cultur erscheint die allgemeine historische Einheit zum ersten Male umschattet in theologisch-phantastischer Form, und zwar in der apokalyptischen Litteratur des späteren Hebraismus. In späteren Zeiten, im doctrinellen Christenthum, wurden die Begriffe der *praeparatio evangelica* und der Eschatologie gleichsam die Stützen der allgemeinen Bewegung der Ereignisse; und die folgenden Jahrhunderte hinab erschien die Leitung der Geschichte durch die Vorsehung Vielen sicherste Glaubenssache. Die Historiographen und Kritiker des 18. Jahrhunderts begannen erst, sich von der künstlichen Theilung in vier Monarchien zu befreien und von anderen Vorurtheilen, und versuchten fast zum ersten Male, die Ereignisse auf homogene Gruppen zurückzuführen, was der einzige Weg ist, zur Aehnlichkeit der Ursachen und der inneren Formen zu gelangen, als durch den Durchbruch der liberalen Ideen und vermöge der socialen Revolution, die dann folgte, das ethisch-politische Ideal der Menschheit, gleichsam als abstractes Zusammenfassen aller Freiheitsbestrebungen, von neuem die Betrachtungsweise der historischen Vorgänge um ein gutes Stück verschob. Das theologische Vorurtheil wurde gleichsam ersetzt durch ein neues Vorurtheil, dessen Summe eine phantastisch-humanitäre Vorstellung ist, oder besser: in einer gewaltsamen Ueberzeugung vom Fortschritte liegt, kraft deren jede Art von Thätigkeit gewissermassen bildlich als Theil oder auch als Moment eines grossen Processes von Vorbereitungen und Vollendungen verstanden wird.

Die monistische Philosophie, die in Hegel wie in ihrem Abschlusse, ihrer Krönung gipfelt, drückte vermöge der theologischen Einflüsse, deren Wirkung sie noch sehr lebhaft empfand, und durch die Natur ihrer Grundidee selbst, welche die ist, alles Erkennbare und jede Methode der Wissenschaft auf absolute Einheit zurückzuführen, gewissermassen den Stempel auf eine solche humanitäre Auffassung eines einzigen Processes aller historischen Ereignisse. Und thatsächlich fühlten sich die Wissenschaften, die in positiver Weise das specifische Werden der Sprache, des Rechtes, der Kunst und Aehnliches zu studiren hatten, durch solche Tendenz in grosser Verlegenheit und dabei auf ein Prokrustesbett gespannt, und wichen vielfach von ihrem ursprünglichen Beruf ab, um einer abstracten Systematik zu sehr gehorsam zu sein; einen grossen Theil ihrer gegenwärtigen Sicherheit verdanken sie dem Grade, in dem sie nunmehr von derartigen Vorurtheilen sich emancipirt haben.[1]) In Folge solcher kritischen Gedankenrichtung hat man es in den letzten Jahren mit einer derartigen philo-

[1]) Der Ruf: „Keine Metaphysik mehr!", der in Deutschland antimonistischen und antihegelianischen Ursprunges war, wiederholt sich jetzt bei uns selbst in den Kinderschulen, und es ist zu hoffen, dass er von hier noch in das Geschrei der Neugeborenen dringt. Und man soll sagen, dass Viele es dem Renzo gleichthun, der da glaubte, den Ferrer befreit zu haben! (Verf. spielt hier auf eine jedem Italiener geläufige Stelle aus den *Promessi Sposi* an. Dem deutschen Leser würde Holbergs „Kannegiesser" ein näher liegendes und gleich drastisches Beispiel bieten. Der Uebers.)

Das Schlechteste dabei ist, dass der landläufige Monismus, nämlich der, welcher sich nicht auf die Kritik der reinen Vernunft oder auf eine Phänomenologie des Geistes stützt, wie es mir vorkommt, ein verschlechterter Hegelianismus ist, da er kopflos ist.

sophischen Weltgeschichte nach allgemeinem Schema wenig zu thun gehabt; und diejenigen, welche noch am hartnäckigsten dabei verharrten, waren mehr oder weniger ausgesprochene Nachfolger Hegels, wie Hermann, Biedermann und bei uns Vera, aus deren Werken und Monographien, was das Einzelne angeht, gewiss viel zu lernen ist, aber man muss aus dem Ganzen die Lehre ziehen, dass die ganze Absicht für schlechterdings absurd zu erklären ist.[1])

Die Einwendungen, die ganz natürlich aus der Betrachtung der Sache selbst hervorgehen, lassen sich in den folgenden Kapiteln zusammenfassen. Die primitiven Centren der Civilisation sind vielfache und in der That durch kein künstliches Mittel zu reduciren, d. h., dass man die verschiedenen Anfänge menschlicher Civilisation weder auf reale Einheit der Ursache, noch auf einfache prospectivische Einheit ungezwungen zurückbringen kann. Die Civilisationen selber, die durch bestimmte und abgegrenzte causale Beziehungen sich verknüpft zeigen, halten in der Reihe der Uebertragungen und in der Arbeit der Wechselbeziehungen eine gewisse Art des Verfahrens inne, wodurch wir zu dem Schlusse geführt werden, dass die vor dem Einflusse präexistirenden Factoren modificatorisch thätig sind, d. h., dass der Einfluss sich stets in bedingtem Umfange geltend macht. Und daraus geht fernerhin hervor, dass zwei oder mehr Civilisationen, die in

---

[1]) Ueber die *„Filosofia della Storia"* von Prof. Vera habe ich vor einigen Jahren (Ztschr. für exacte Philosophie, Bd. X, Heft 1, p. 79 ff., Jahrg. 1872) ein vielleicht äusserlich hartes Urtheil ausgesprochen und jetzt bedaure ich den zu leidenschaftlichen Ton, obwohl ich am Gegenstande meiner Bemerkungen nichts zu ändern habe.

vielen Beziehungen verknüpft sind, in vielen höchst wichtigen Puncten uns unvergleichbar erscheinen. Lässt man z. B., wie es übrigens eine unleugbare Sache ist, die ägyptischen und semitischen Einflüsse auf die primitive hellenische Kultur zu, so wird es dennoch Niemandem natürlich erscheinen, die assyrische Kunst als erstes Kapitel der griechischen Kunstgeschichte zu behandeln, weil in diesem Falle die Reaction auf die von aussen empfangenen Einflüsse etwas Specifisches ist, in dem gerade das Problem des wahren und eigentlichen Ursprunges jener besonderen arischen Epigenesis liegt, die wir Hellenismus nennen. Giebt man ebenso, wie es über allen Zweifel erhaben ist, zu, dass die hellenische Philosophie auf die Bildung des christlichen Lehrsystems, d. h. der Patristik, influirt habe, so wird es doch Niemanden geben, der diese als einen Specialfall jener ansehen könnte; deshalb muss der eigentliche Erzeuger der christlichen Ideen hier in seiner Unabhängigkeit und in der Wirksamkeit seiner Eigenschaft betrachtet werden. In diese Kategorie der incidentellen Combinationen gehört auch z. B. der Feudalismus der romanisch-germanischen Staaten; und darum haben alle diejenigen, welche darin eine originale Bildung sehen wollten, ein imaginäres Problem sich gebildet.

Die Betrachtung so vieler eigener und selbständiger Reihen, so vieler specifischer Elemente, so vieler irreducibeler Factoren, so vieler nicht vorher bestimmter Incidenzen, wie die Geschichte, wenn man sie im Lichte einer leidenschaftslosen und eindringenden Kritik betrachtet, uns bietet, räth uns, ja legt uns sogar die Verpflichtung auf, die Annahme der realen Einheit, die gleichsam das Verbindende, das stehende Subject oder die höchste Bezeichnung jeder Art von Impulsen und

Thätigkeiten ist, von den Uranfängen bis zur Gegenwart für unwahrscheinlich und illusorisch zu halten, welche Einheit der Philosoph schliesslich kraft seines Denkens in sich aufnehmen und vermittels der Kunst der Darstellung behandeln würde.

Aber, wird man mir sagen, bietet denn die Neigung selber, die unser Geist hat, gleichsam reproducirend einen solchen Wechsel von Fällen, so viele verschiedene Ordnungen von Thatsachen, ähnlicher oder unabhängiger, an sich vorbeigehen zu lassen und sie dann zu klassificiren, nichts, was zu Gunsten jener Tendenz spricht oder sie entschuldigt, die Sie jetzt eben kritisirt haben, indem Sie dieselbe in den äussersten Consequenzen gewisser besonderer Systeme angriffen?

Und wenn man darum absehen will von dem Platze, den Hegel oder andere Philosophen, die sich an seine Manier anschlossen, dem Begriff der historischen Einheit in der Totalität ihrer Anschauungen von der Natur der Dinge beilegen wollten, so bleibt es immerhin wahr, dass in unserem Geiste der latente Grundgedanke bei jeder Untersuchung stets lebendig ist, der nämlich, dass, wenn der Gedanke die Geschichte nachbildet, letztere irgendwie einen Gedanken einhüllen müsse, oder so beschaffen sein müsse, dass sie sich der Umbildung in den Gedanken darbietet. Und deshalb, würde der Fragende hinzufügen können, wird es erlaubt sein, in realistischer Absicht und mit grösserer kritischer Vorsicht dasselbe zu versuchen, was unter dem Einflusse anderer Arten des Philosophirens und aus ideologischer Uebertreibung verunglückte.

In solchen Fragen und solchen Zweifeln liegt zum grossen Theile Wahres und Vernünftiges, es ist sogar der Ausdruck einer wahren und eigentlichen Tendenz darin enthalten, die sich schon bemerkbar macht in einer gewissen Art von Productionen, an denen die Litteratur unserer Tage nicht arm ist. Ich will damit auf die Versuche zusammenfassender Charakteristiken von Epochen und Völkern zu sprechen kommen, die sich insgesammt Culturgeschichte nennen. Die Absicht, in der solche zusammenfassende Arbeiten gemacht werden, redet schon sehr zu Gunsten des Versuches, am Meisten, wenn sich in ihm die Neigung kund thut, die Einheit zu erforschen, nicht vorauszusetzen, und die Unterschiede genetisch klar zu legen, nicht zu deduciren. Wenn nun diese Neigung da ist und diese Art, den Grundgedanken aufzufassen, so wird doch Niemand dagegen im Ganzen eine ernste Einwendung zu machen haben, wenn man nicht etwa annehmen will, dass jenen verbohrten Specialisten allein das Feld gehört, die in jeder im grossen Style vorgenommenen Combination aller vergleichbaren Resultate der Forschung eine Gefahr für die Wissenschaft erblicken. Die Bearbeitung einiger oder aller besonderer historischer Perioden unter dem Gesichtspuncte der allgemeinen Culturentwickelung hat, wenn man dabei nicht den Principien der realen Genesis Gewalt anthut, nicht von vorgefassten Meinungen ausgeht, und die Darstellung sich nicht auf rein Aeusserliches und Formales beschränkt, alle Charaktere eines legitimen Productes wissenschaftlicher Thätigkeit und kann in vielen Beziehungen als Prüfstein und als Bestätigung der einzelnen Resultate dienlich sein.

Eine derartige allgemeine Culturgeschichte, die vermittels gemeinsamer oder zusammenfassender Charakteristiken ihren Fortgang nimmt, kann aber auch leicht genug, wie die Beispiele zeigen, in Conceptionsfehler gerathen, die dieselbe zu einer interessanten, wenn man will, aber doch sehr wenig instructiven und wahren und dabei an gar zu subjectiven Urtheilen leidenden Uebung erniedrigen. Die Vorurtheile der Rasse, der Religion oder politische Ideale können z. B. unseren Geist dahin führen, dass er den Werth der alten oder fremden Culturformen in so wenig positiver und übereinstimmender Weise abschätzt, dass unsere Sympathien unter Umständen den Charakter von Gesetzen annehmen [1]): und hier zeigt sich klarer wie anderwärts, worin das Problem der Objectivität liegt. Ein übertriebenes Verlangen nach Vergleichungen kann uns dahin bringen, dass wir Thaten und Producte des Geistes einer conventionellen Schablone unterlegen, die, wenn sie auf ihre wahren und eigentlichen Gründe zurückgeführt sind, uns in anderem Lichte erscheinen. [2]) Wer das römische Recht und das germanische Recht in ihren frühesten Stadien hinsichtlich des gemeinsamen Gebrauches, aus dem sie anfänglich durch Neubildung entstehen, vergleicht, kann sicherlich aus der effectiven Vergleichbarkeit als dem Elemente einer genaueren und adäquaten Charakteristik Nutzen ziehen. Es würde aber nicht dasselbe bedeuten, wenn ein Anderer sich daran begäbe, die Entwickelung des Monotheismus in Griechenland und bei den Hebräern in Parallele zu stellen [3]), weil nicht

---

1) Haben wir Italiener je in der That das Primat des Gioberti oder das des Mazzini recht überwunden? Ich glaube, nein. — Und was für ein interessantes Studium würde ferner das des deutschen Chauvinismus sein, der sich sogar in den abstractesten Urtheilen zeigt und in den wissenschaftlichen Meinungen der bedeutendsten Denker Deutschlands?

2) Ich denke hier zufällig an die von Renan gegebene Charakteristik des Semitismus, die auf Grund der Autorität des Schriftstellers lebhaft discutirt wurde, aber notorisch falsch ist.

3) Diese Frage wurde in meiner Schrift: „La Dottrina de Socrate“, Neapel 1871 berührt. (Vgl. dazu Litt. Centralblatt, 1872, No. 8. D. Uebers.)

allein ein ziemlich bemerkenswerther Unterschied in den Motiven obwaltet, sondern weil, was wichtiger ist, die Neubildung sich in beiden Fällen auf Grund präexistirender Thatsachen verschiedenartigen Charakters vollzieht und Wirkungen hervorbringt, die einen ganzen langen Zeitraum hindurch ganz und gar unabhängig sind und erst später durch Incidenz gemeinsam bei der Ausbildung der christlichen Lehren wirksam sind.

Eine Culturgeschichte, die das Maass des Vergleichbaren überschreitet, die die Gegensätze nicht in das rechte Licht zu bringen angethan ist, und in der Darstellung nicht genetisch fortzuschreiten weiss, und sich dem Geschmacke am Charakterisiren durch Negationen und Antithesen überlässt, läuft Gefahr, die verschiedenen Formen des Lebens und Denkens als einfache Specificationen eines abstracten Subjectes, das man Menschheit nennt, darzustellen.

Aber die grössere Schwierigkeit liegt in der Idee des Fortschritts, soweit sie auf die Totalität der menschlichen Ereignisse und Zustände anzuwenden ist. Nicht zufällig sage ich Idee, denn in diesem Worte wird ein Zusammenhang von Ansichten und Werthschätzungen, Gedanken und Erwartungen zusammengefasst und ausgedrückt, und es giebt Niemanden, der behaupten könnte, dass sie ein einfaches Factum bezeichne oder eine elementare Beziehung.

Wenn wir in Rückblick auf eine bestimmte Veranlagung, Neigung oder Tendenz, individuelle oder sociale, die uns empirisch gegeben ist, vom Fortschritt sprechen, so wollen wir einfach damit sagen, dass die successiven Bethätigungen und Arbeiten sich gleichsam als Approximationen im Hinblick auf ein Ziel constituiren, das nur allmählich vermittels Zwischenstufen zu erreichen möglich ist. Wenn aber diese Idee hinsichtlich der Totalität der menschlichen Vorgänge und Thatsachen in einer Culturgeschichte angewendet wird, man jedoch hierbei nicht viel Ueberlegung und Vorsicht gebraucht, so läuft man Gefahr, den Inhalt des in solcher Allgemeinheit verwendeten Begriffes aus den Augen zu verlieren, oder sich von der Illusion einer blinden Vorherbestimmung durch die Vorsehung besiegen zu lassen, die die Geschlechter der Menschen treibt, für ihre Nachkommen zu arbeiten: was so viel bedeutet, als den Collectivbegriff der Menschheit zu einem wahren und realen Subjecte zu machen, das für einen latenten Endzweck arbeitet. Nun aber bringt uns mit Nothwendigkeit das Studium der menschlichen Ereignisse dahin, nicht allein einen Fortschritt, sondern auch einen Rückschritt anzuerkennen, und nicht wenige Völker sind untergegangen, nicht wenige Versuche sind verunglückt, und nicht gering ist der Theil der menschlichen Arbeit, der verloren ist! Wenn die Idee des Fortschritts, als einer Vollendung und Erfüllung der Fähigkeiten und Bestrebungen aus einem Kriterium der Beurtheilung sich uns irrthümlicher Weise in ein Regulativ der Auslegung verwandelt, so weiss man schliesslich nicht einmal, ob das Studium der Geschichte uns dem Optimismus, oder lieber dem Pessimismus geneigt machen soll!

Doch kann der Begriff des Fortschritts wie der jedes anderen geistigen Ideales sich nicht der Analysis entziehen; dies will sagen, dass er als etwas theoretisch Gegebenes selbst der Erklärung bedürftig und nicht ein einfaches Realprincip des Thatsächlichen ist, woher man seine Schlüsse ableiten kann, oder auf das man wie auf einen unfehlbaren Maasstab jede causale Bewegung der Ereignisse zurückführen kann.

Durch diese Analysis zertheilt sich die Idee des Fortschrittes, soweit sie sich auf die Gesammtheit der menschlichen historischen Ereignisse erstreckt, in drei Erscheinungsformen oder wenigstens Elemente, die da sind: technische Arbeit, die auf Ueberwindung der Schwierigkeiten des Lebensunterhaltes, sowie auf Beherrschung der äusseren Natur behufs Befriedigung der Bedürfnisse gerichtet ist, Bildung der ersten phantastischen und intellectuellen Neigungen in der Kunst, in der Religion und in der Wissenschaft, feste Gliederung des primitiven Zusammenlebens vermittels des Rechtes und der Hierarchie des Staates. Eine Kulturgeschichte, die nicht streng diesen drei Seiten mit ihren mannigfaltigen Specificationen Rechnung trägt, und nicht in jedem Falle das Gleichgewicht und die objective Beziehung zu finden sucht, ist *ab origine* eine unsichere und nur für einen zwecklosen Versuch zu halten.

Und man sah in letzter Zeit eine Art Kulturgeschichte erscheinen, die, sich darauf beschränkend, die auf die Ueberwindung der Sorgen des Lebensunterhaltes beziehentlichen Fortschritte zu erforschen, dahin neigt, entweder die intellectuelle, moralische oder politische Entwickelung und die ästhetischen und religiösen Begriffe ganz in den Schatten zu stellen, oder das ganze übrige innere Leben als reinen Reflex und Ergänzung hinsichtlich der zur Befriedigung des Bedürfnisses wirkenden Ursachen zu betrachten.[1]) Es hat seiner Zeit die Paradoxie Buckles viel Aufsehen erregt, der Grundgedanke nämlich,

---

[1]) Es drängt mich, zu bemerken, dass ich hier nicht gerade das Buch von Lippert meine, von dem bis jetzt nur der erste Band erschien (Kulturgeschichte der Menschheit, Bd. I, 1886), da dieser Autor, obwohl er sich vorwiegend auf das Princip der Lebensfürsorge stützt, bei der gehörigen Werthschätzung der anderen Factoren mit grossem Verständnisse verfährt.

den er beweisen will, dass es einen Fortschritt in den von den Menschen hervorgebrachten Dingen gebe; so in der Technik, oder in der Schärfe des Verstandes bei der Erforschung des Wahren, dass es jedoch mit der inneren Beschaffenheit der Persönlichkeit sich nicht eben so verhielte, d. h. mit der Ethik. Aber noch Schlimmeres bereiten uns jetzt die leichtfertigen und gedankenlosen Anwender des Darwinismus auf Thatsachen, Relationen und Functionen, für die die Theorien des ausgezeichneten Gelehrten Darwin gewiss nicht erdacht worden sind.

Die Philosophie, die eine Kritik der Principien des Wissens ist und sein will, hat das Recht und die Pflicht, so viel in ihrer Macht liegt, gegen den Mechanismus der Deducirung *ab extra* zu wirken, sowie sie einst, als es nothwendig war, gegen die ideologischen Uebertreibungen wirkte, die ihren Abschluss fanden im Begriffe eines Geistes, der, nur durch einen Impuls innerer Formation thätig, wie ein Phantasma sich quer durch die Welt bewegt, durch kein Hinderniss beschränkt und gegen äussere Einflüsse gefeit. So wären wir nun von der Negirung jeder besonderen Verflechtung der Ursachen zur reinen Incidentalität des Ereignisses herübergeschritten, aus der bis ins Unendliche sich ein anderes und immer wieder ein anderes ergiebt! Denn wenn wir nicht das richtige Gleichgewicht in die Erfassung der Gründe und der Mittel, der Ursachen, der Wirkungen und der Zwecke der Civilisation in einer zusammenfassenden Betrachtung des menschlichen Geistes bringen, werden wir nie im Stande sein, zu verstehen, und man kann auch sagen: mitzufühlen die vielen Versuche und die vielen Illusionen der vergangenen Geschlechter; noch werden wir je im Stande sein, Alles das abzuschätzen, was in den menschlichen Werken

Gedachtes, Gewolltes, Beabsichtigtes zu nennen ist und somit auch Irrthümliches, Unsicheres, Bedauernswerthes. Ja selbst unsere heutige menschliche Gesellschaft, von der aus wir uns gerade in viel mehr selbstbewusster Weise dem Studium des Vergangenen zuwenden, würde auf diesem Wege in der That unverständlich sein, denn sie hat ihren Abschluss in dem je nach den Völkern und Ländern verschieden deutlichen Bedürfnisse nach einem freien Staate, einem Staate nämlich, der, die radicalen und conservativen Elemente im Gleichgewichte haltend, den Fortschritt absichtlich abstuft und eine bewusste und freiwillige Function desselben ist.

Dies, m. H., sind die Richtungen meines Geistes und Verstandes, mit denen ich das mir vom Ministerium in Uebereinstimmung mit meinen Collegen anvertraute zeitweilige Amt, Vorlesungen über Philosophie der Geschichte zu halten, an Stelle meines Collegen und Freundes Prof. Barzellotti, der zu einer anderen Universität übergegangen ist, antrete. Es sind diese Anschauungen bei mir nicht neu, ja sie entstammen einer Zeit, da ich, weit davon entfernt, daran zu denken, dass ich Ethik und Pädagogik an dieser Universität lehren würde, in verhältnissmässig jungem Lebensalter an der Facultät zu Neapel mich um die freie Docentur in dieser Disciplin bewarb, und in dem öffentlichen Tentamen disputirte ich dem damaligen Gebrauche an jenem Athenaeum gemäss mit einem so trefflichen Interpreten der Hegelschen Philosophie, wie es Prof. Vera war, über das von ihm gestellte Thema: „Ist die Idee die Grundlage der Geschichte?“ [1]) Fremder noch als

[1]) In dem, was ich *ex tempore* über diese These schrieb, und in der darauf folgenden Disputation widerlegte ich die Hypothese, die dieser Satz

damals jeglicher Art des Scholasticismus werde ich in diesen Unterricht, wie ich es bei dem anderen gemacht habe, jenes kritische Gefühl hineintragen, das nicht gestattet, das Amt des Docenten mit dem des Apostels einer frohen Botschaft zu vermengen, und dem Professor nicht erlaubt, ein Katheder zu besteigen, um dort als abenteuernder Ritter aufzutreten.

Und weil nun auch ein grosser Unterschied besteht zwischen der Inaugurirung eines Cursus, bei der der Geist, um mehr angeregt zu sein, im Fluge über mehrere höchst gewichtige Argumente hinweggeht und dem Halten eines speciellen und ruhigen Lehrvortrages, drängt es mich, anzuzeigen, dass ich für meine nächsten Vorlesungen einen ziemlich bescheidenen Gegenstand gewählt habe. Für Diejenigen, die mich aus freien Stücken werden beehren wollen, da der Cursus kein obligatorischer ist [1], lese ich kritisch einige Theile der so sehr gelobten und dabei so wenig verstandenen *Scienza Nuova* von Vico, um hier die ersten Angriffspuncte zum Philosophiren über die Geschichte wiederzufinden. —

Allen meinen Collegen und Freunden, die mich mit ihrer Gegenwart beehrt haben, sage ich meinen wärmsten Dank.

---

enthält, indem ich dem Hegel Humboldt gegenüberstellte und Steinthal, der von diesem ausgeht; auch auf Lotze stützte ich mich, von dem mir damals der Kopf voll war. Aber der vortreffliche Vera bedachte mich mit seinem günstigen Votum, besonders für den Vortrag, den ich über den Grundgedanken der *Scienza Nuova* von Vico hielt.

[1]) Das an den italienischen Universitäten in Vorlesungen Vorgetragene ist für jeden Studirenden (der betr. Facultät) zum allergrössten Theile obligatorisch, weshalb Specialkurse selten und schwer zu Stande zu bringen sind. Prof. Labriola liest dieses Jahr einstündig über „Die Bildung der historischen Begriffe", zweistündig über „Die Ideen von der Freiheit des Gewissens und des Eigenthums im modernen Staat". (D. Uebers.)

Während ich dieses Schriftchen dem Druck übergebe, kommt mir der zweite Band der Geschichte der römischen Kaiserzeit von Schiller, Gotha 1887, in die Hände, der mit folgenden Worten endigt: „So geht auf allen Gebieten des Lebens das römische Wesen in Trümmer; aber das Gute, welches an demselben sich findet, wird nicht verloren. So versunken die Epoche ist, so hoch bedeutsam ist sie. Alte Keime werden in einen neuen Boden gesenkt und harren ihrer Auferstehung. Bei manchen bedarf es einer Reihe von Jahrhunderten, ehe sie zu neuem Leben erweckt werden. Aber wie die Weizenkörner aus den ägyptischen Gräbern noch nach Jahrtausenden Früchte bringen, so werden immer mehr von diesen Keimen durch günstige Zeitverhältnisse belebt, und wahre Humanität verbindet sich mit den Wahrheiten des Christenthums zu einem Kulturideale, um dessen volle Erreichung sich noch künftige Zeiten zu bemühen haben.“

Dieser Passus giebt zu einer grossen Zahl von Betrachtungen Anlass. — Kann denn der Geschichtsschreiber, wenn er auch scharf über den Hergang nachdenkt, überhaupt dererlei Symbole und Redeweisen vermeiden? — Gewiss nicht; es sei denn, dass er ein blosser Chronist sein will. — Aber giebt ihm denn die einfache historische Bildung, wie man sie für gewöhnlich auffasst, irgend welche Sicherheit, dass solcherlei Symbole oder Bilder nicht conventionell und willkürlich sind, sondern genaue Ausdrücke für Gedachtes? Es scheint nicht so. — Und wenn dieser Zweifel in uns die Oberhand gewinnt, wird es da nicht natürlich erscheinen, dass man zum Philosophiren über die Geschichte schreitet, die wir in der ersten Absicht nur erzählen wollten? Und würden wir auf diesem Wege nicht dahin geführt, eine Doctrin zu schaffen aus den realen Begriffen, die solchen Bildern, wie Epoche, Keim, Harren der Auferstehung, günstige Zeitverhältnisse und so fort, zu Grunde liegen möchten? Es scheint in der That so, als ob Viele neuerdings diese Art zu denken adoptirten, und daher der Name „historische Wissenschaften“. — Und wenn man dazu gelangte, in ernster, positiver Weise diese Begriffe zu bestimmen, würde dann die directe Betrachtung der realen Gründe, ihres Werthes und ihrer Incidenz, nicht bloss als analytisches Mittel dienen, sondern auch als ein solches, das die landläufige historische Darstellungsweise rein erzählender Bücher auflöste? Diese Folgerung wird gerechtfertigt erscheinen, wenn man an den weiten Unterschied denkt, der zwischen den theoretischen Naturwissenschaften und der Beschreibung von Naturgegenständen besteht, so weit sie uns in gegebenen empirischen Configurationen erscheinen als zeitlich und räumlich bestimmt. — Aber sollte man diese Parallelstellung von Geschichts- und Naturwissenschaft bis in die äussersten Consequenzen ausdehnen können und z. B. meinen, dass die ganze Geschichte sich auflösen wird in Theorien über die Factoren, Bedingungen und Incidenzen, so dass die einfache Darstellung schliesslich verschwindet, wie etwas rein Aeusserliches oder Zufälliges? Nein! Denn, wie sehr auch die inneren Bedingungen und die eigenthümliche Wirksamkeit der zu jenen Wirkungen. die uns z. B. Schiller oder andere Historiker darlegen, beitragenden Ursachen tiefer erforscht werden mögen, es wird stets die besondere Configuration ein *unicum sui generis* bleiben, das nicht zu verwechseln ist mit dem individualen Gebilde, das in der Naturgeschichte die Exemplification des Gesetzes und des Genus vertritt. Deshalb bewahrt die Geschichtsschreibung jetzt und immerfort die Charakterzüge einer besonderen Disciplin, die keine Wissenschaft vollständig in andere Elemente aufzulösen vermögen wird.

Alle die Tendenzen und alle die wissenschaftlichen Studien, die schon seit einiger Zeit die althergebrachte Historiographie verjüngt haben, treiben sie mehr und mehr darauf hin, eine durchdachte Darstellung der im Einzelnen und im Zusammenhange in einer bestimmten Periode wirkenden Ursachen zu werden. Aber so weit sie sich der Wissenschaft als Voraussetzung und Stütze bedient, ist ihr Amt stets nur das des Erzählens und Darstellens. Und gerade deswegen darf und kann die Geschichtsphilosophie nicht eine philosophisch erzählte Universalgeschichte sein, sondern eine Untersuchung der Methoden, der Principien und des Systems der historischen Wissenschaften.

www.ingramcontent.com/pod-product-compliance
Lightning Source LLC
Chambersburg PA
CBHW032132080426
42733CB00008B/1045

* 9 7 8 3 7 4 2 8 1 3 2 6 8 *